大城縣

知縣

明

高進　陳必達
金藩　崔鐸
沈鑑　唐鏞
魏霉　狄崇文
閆茂　張津
黄世忠　安佑
張皞　魯念
胡永芳　張汝舟
王朝　李雲
石恩　楊勳
高廷章　楊福
侯勳　郭振
任大倫　朱文俊
鐘秀　蕭韶
鄧金　吴璞
王應文　史簡
昌元正　楊臬

知縣　大城縣

明

高進　陳必達

金藩　崔鐸

沈鑑　唐鏞

魏霽　沈崇文

閆茂　張津

黃世忠　安祐

張暐　魯念

胡永芳　張汝舟

王朝　李雲

石恩　楊勳

高廷章　楊福

侯大勳　郭振

任大倫　朱文俊

鍾秀　蕭詔

郭金　吳璞

王應文　史簡

昌元正　楊臬

余尚貢　王文政
張應武　胡子方
趙德光　忽鳴
趙汝思　李知春
狄同烽　劉杲
汪如川　徐東漸
李承槐　何偉
任彥棻　汪桐
蘇宇庶　康大壯
趙國華　梁綱

何京　高甲撰
胡應聘　安所性
劉景耀　孫應對
吳啓瑞　毛雲翰
李長年　武維周
李藻　李松年

國朝

張世臣　吳治匯河南裕州人，進士，順治四年任。
王來聘遼東籍宣府人，順治六年任。　馬騰陞遼東廣寧人，生員，順治八年任。
范發愚河南河內人，進士，順治十二年任。　楊四端河南武安人，貢士，順治十三年任。

徐　伸　浙江德清人，貢士，順治十五年任。　李瑧文　山西沁水人，進士，康熙五年任。

吴　材　福建寧洋籍龍巖人，進士，康熙七年任　張象燦　陝西咸寧人，舉人，康熙八年任。

朱好義　鑲白旗，遼東義州人，監生，康熙十七年十一月任。

縣丞

明

王　鑾　劉　僖

吕　釗　李　義

李　輒　張　純

吴　昂　崔　海

王　純　裴　睿

張思睿　趙　鼎

崔天爵　王　琛

焦　裕　苟　良

周　宗　薛　韶

王　瓚　劉　思

張元吉　白　鎮

林　堂　旦　章

田　瓚　錢　玫

郭　寶　宋繩武

詹如金　蘇　純

苗溱　趙克巳
王用聘　于克肖
王桂　龍民芳尋裁

主簿

明

周自銘　陳安
蔡思齊　喬謙
劉義　谷鰲
李銓　石彪
曹樂　高琮
王文璿　宋樞
陳敕　王四鄰
陳相　郅好學
張齊賢　劉鶴
張仁政　葉雲漢
黎伯如　劉璧
李如玉　郭憲甫
潘簡　郭桓
董讓　郝芹
丁汝景　趙宗禮

丁汝景　趙宗禮
董讓　郝芹
潘簡　郭桓
李如玉　郭惠甫
黎伯如　劉鑾
張仁政　葉雲漢
陳齊賢　劉鶴
陳相　邢好學
陳敏　王四維
王文璿　宋樞

曹樂　高琮
李銓　石彪
劉義　谷鰲
蔡思齊　喬謙
周自路　陳安

明

主簿

王桂　龐民芳卓異
王用聘　于克肖
苗秦　趙克已

張勳　賈梗
董蒞　李克家
宋邦彥　夏命
諸光祖　蕭尚瑚
謝崇教　楊時泰
郭垣　金守德
趙應宗　趙光遠
王命嚳　曹茂才
楊楷　姚大中
周九功

國朝
李天沐江西人，吏員，順治元年二月任。尋裁。

典史
明
曹英　接賢
宋德　張俊
余晏　劉圯
魏江　張鋭
卓景隆　劉仲名
葉翥　朱大仕

李雷　華堂

張涇　阮英

張文蕙　高峰

姚臻　舒篤恭

刁揚休　潘學顏

朱見新　李應華

楊漢策　郭大清

劉祝久　金裕

林萬春　張嵤

唐文約　劉斯久

吕希姜　王志麟

夏尚忠　鄧常春

劉正化　熊士賢

謝志增　張爾欽

張先業　李秀實

杜時義

國朝

陳經福建福州長樂人，吏員，順治元年九月任。　徐俊浙江紹興山陰人，吏員，順治九年二月任。

余起祥浙江紹興山陰人，吏員，順治十三年二月任。　喬林陝西西安渭南人，吏員，順治十二年二月任。

古文耀陝西西安富平人，吏員，順治十七年三月任。　胡志選浙江寧波定海人，吏員，康熙四年八月任。

張鳳起 河南彰德安陽人，吏員，康熙八年七月任。

柴應高 浙江紹興會稽人，吏員，康熙十四年八月任。

童應洙 江南太平當塗人，吏員，康熙二十二年四月任。

教諭

國朝

張廣業 行塘人，歲貢，順治四年任。

魏三台 安州人，歲貢，順治七年任。

楊玹 新安人，歲貢，順治十一年任。

王時雍 深州人，歲貢，順治十五年任。

王嘉言 直隸延慶衛人，歲貢，康熙四年十月任。

徐應升 保定東鹿人，舉人，康熙十六年八月任。

李白生 保定祁州人，舉人，康熙二十二年八月任。

李訓 大名大名人，舉人，康熙二十四年四月任。

訓導

國朝

閻紹美 永寧人，歲貢，順治四年任。

紀國典 開平衛人，歲貢，順治八年任。

王瑾 饒陽人，歲貢，順治十三年任。

毛應麒 長垣人，歲貢，順治十七年任。

張賢 保定左衛人，歲貢，康熙十九年八月任。

孫啓元 奉天蓋平人，歲貢，康熙二十一年三月任。

保定縣

知縣

明

徐仲謙　王孟原

楊汝誠　王　英

韓　相　于　臯

宋　益　王　燧

范九德　彭　鎬

吴　玫　王　聰

周同軌　李　瓛

王　惠　姚　讓

高　燈　張　泰

趙　徵　王大輅

傅　義　崔　勝

毛　麒　何　濟

崔　義　叚良善

史　周　李　華

冉崇儒　王　奉

汪本沂　胡允恭

吕　焕　尹樂堯

田充國　王用
李顯陽　翟守謙
張世蓁　劉樞
趙友仁　謝明教
孔承倜　王準
賈生漢　林一貫
張以重　張四聰
蘇宇庶　閻國魁
駱行健　田龍
陳廷策　陳諫

尋向上　章明德
劉家龍　李應賢
黨還醇　常維翰
丁雲鶴　韓文焞
王佩弦　李藻
楊佩　何肇元

國朝

楊掛禄浙江會稽人，歲貢，順治元年任。　孫光祚山東范縣人，舉人，順治元年任。
潘浩山西人，生員，順治四年任。　劉武
秦簡關東人，生員，順治六年任。　陸光旭浙江平湖人，進士，順治九年任。

張世傑江西臨川人，進士，順治十六年任。　曹之秀遼東人，廕生，康熙元年任。

謝晋卿河南河内人，歲貢，康熙五年任。　成其範山東樂安人，進士，康熙八年任。

李文英江南江寧人，廕生，康熙十三年十二月任。　何訥江南蘇州崑山人，進士，康熙二十二年五月任。

縣丞

明

李爾　姚斌

何志　績任

馬訓　宋本

劉誠　劉潤

卜廉　陳昭

張巖　楊麟

張學尋裁

主簿

明

何珪尋裁

典史

明

周本初　李茂清

劉旺　聶通

李潔　武賢

王　珪　　師　銘
劉　順　　廖　祥
高　福　　荆　綸
牛　埜　　安　憲
江　珠　　張　莞
劉仲秀　　夏九皐
侯永祚　　梁尚賓
趙國勝　　黨世雄
陳子器　　陳繼參
姚汝桂　　袁承書
胡　淮　　董施義
潘　炤　　薛應旂
萬建善　　查希漢
徐　森　　聞思棠
施瑞奎　　戴居美
朱朝熙　　陳九韶
文　孝　　林一宏
桑明德　　馬之服
胡應乾　　黄正色
左承恩　　李君田

王承基　魏世達

國朝

李和陽山西平陽霍州人，吏員，順治二年任　謝廷佑浙江山陰人，吏員，順治五年任。

楊傑浙江慈谿人，吏員，順治十二年任。　陳榚浙江蘄縣人，吏員，順治十八年任。

楊發浙江義烏人，吏員，康熙八年任。　張辰冬陝西西安富平人，吏員，康熙二十一年六月任。

訓導

國朝

張雲翮順天人，生員，順治二年十月任。　傅皇猷真定新樂人，歲貢，順治四年任。

樓殿真定冀州人，歲貢，順治七年任。　張弘訓直隸延慶人，舉人，順治九年任。

李正士真定寧晉人，舉人，順治十七年任。　許世奇保定安肅人，歲貢，康熙四年任。

任肇河間交河人，歲貢，康熙十四年二月任。　白鶴標真定趙州贊皇人，歲貢，康熙二十二年十一月任。

職掌

府尹

文武鄉試，主提調進題并鹿鳴等宴。殿試傳臚日，同少京兆於東朝房簪三及第花，披紅迎至府，宴畢，送狀元歸第。

遇鄉試年分，候部題定，即擇吉聘調，取各府州縣官、教官以應外簾。

鄉飲，每年正月十五日、十月初一日舉行，題奏。

月俸，每月按令經歷司造本府各屬官吏俸糧文册，并四季俸錢文册，送户部陝西司掛號，赴禄米倉關支。

督理鋪行稅契，先年鋪行下三則者免征，屋契十四兩以下者免稅。今鋪行定爲三户，上、中二户起征，下户全免。屋契每兩三分起稅，赴縣交納。

府丞

鄉試，正堂爲外提調，左堂在場供事，爲内提調，與監試起閉點閘、稽覈錢糧、進録，陪主試鹿鳴等宴。

專掌學校每季考校生員，品題優劣，以示激勸。

治中

分管宛平、良鄉、固安、永清、涿州、房山等六州縣境内，興州、中屯、涿鹿中、左等四衛各官賢否，總册。今屯衛全裁，内止存涿鹿二衛。

撫院題兵部覈議，審編驛遞，頭役改爲三年一編，以撫按督行專管，治中逐一查清，自萬曆四十二年，始遵例關詳本府及呈撫按，通行州縣，督同

掌印官，從公審編，挨年定役，審完造册，繳報。

管鄉試諸生卷燭，現準本府關廳關防，試卷掛號，請堂印鈐蓋。

督理通州鋪行銀兩，每年八百三十六兩一分，赴廳查驗，解府分發。

通判

二十六州縣税糧、馬草、三行錢糧每年增減，俱由查照户部札付派筭，明白造册，牒堂帖行各州縣徵收，至於起解，悉赴本廳驗銀挂號，仍給與解户限票，責令依限上納，銷單掣批。如有違限者，究治發落。

府屬州縣清出軍丁，該州縣給批文二套，差解户先赴本廳投驗，本廳照依節年題準事理，查無違碍及無頂冒假妻情弊，給與限票，赴本府收驗，轉文解部，發衛着伍本解取收管，并部府照批送廳查照，方準給與原批。

府屬州縣，將節年單勾册已解、未解軍士，每季終，填入册内，曰「季比册」。差吏送廳，查比已未解分數。

經征在城經紀牙課銀糧，征完報府，轉批解

交户部充餉。

督催在京金吾左等六衛屯牧地丁銀豆錢糧，依限完解，掣批送廳查驗。如有未完，悉由本廳揭參。

每遇鄉試年分，管造進場生員、監生點名册，一樣六本，除宛、大二縣外，各州縣例取書手一名，送廳攢造。

經歷司

遇本府正、左兩堂本章，本司同照磨輪流賫通政司。

每月本府并宛、大二縣儒學俸糧册票，俱本司用印，赴户部管糧廳支給。

在京各衙門公文，俱送本司，上號填注到日，呈堂。

府堂公文行八差六科，各部司廳及九卿首領衙門，俱案令本司用印，轉報。

正、左兩堂及治中、通判，凡行撫院衙門公文，其封簡俱到本司用印。

刑部十四司問過徒犯押送到司，票差皂隸押發宛、大二縣寄監，原來手本，呈堂定驛，仍用本

司印信，手本發縣，遞解配所。

户部大堂發到民犯，即於司票内填注，收訖用印。或具收管回照，仍用本司手本批文，給長解押赴原定州縣收籍，當差。取收管繳報。

都察院發到遞解給引人犯，到司印發，收管回照。

學院及左堂考試生儒，俱本司印卷編號。

遇朝覲年分，督造大計文册。

二十六州縣應朝覲官吏職名、住址、歇家，俱司造册，置籤呈送考功司，并司廳查收。其跟隨門皂各置腰牌，本司押發懸帶。

護送榜文。

照磨所

狀元歸第筵宴，本所經管。

鄉試科場對讀生員、謄録書手、厨皂等役，攢年貌文册，并各給腰牌，查照押送入場。

每逢科舉，中式舉人及狀元三及第，打造銀花。

文場對讀生員、謄録書手事，俱發照廳查點，攢造年貌文册，一樣三本，送儀制司查發。

鄉試委刷試録，并取厨役、皂隸、謄録生員入場。

隨左堂進呈試録。

名宦

周

太保召康公奭。

召穆公虎。

燕王師鄒衍。

燕亞卿樂毅。

漢

漁陽郡太守張堪。

漁陽郡太守郭伋。

九江都尉耿弇。

廣平忠侯前安樂令吴漢。

九江都尉前涿縣令滕撫。

太尉前涿郡太守楊震。

大司馬襄賁侯幽州牧劉虞。

前將軍漢壽亭侯關羽。

魏

司空安陽亭侯幽州刺史崔林。

晋

寧朔將軍宣城公監幽州諸軍事劉弘。

太尉都督并冀幽三州諸軍事廣武愍侯劉琨。

右將軍持節監軍事上庸縣侯唐彬。

隋

涿郡留侯郭絢。

唐

司農少卿前檀州刺史韋弘機。

右相梁國公前幽州都督文惠狄仁傑。

禮部侍郎彭景植。

左衛將軍幽州副總官郭英傑。

太保臨淮王前幽州大都府長史知諸道節度使事武穆李光弼。

范陽府監察御史幽州節度判官贈給事中張徹。

宋

封濟陽郡王贈中書令武惠曹彬。

元

太師廣平王文正耶律楚材。

宣撫使兼御史大夫前涿鹿守王檝。〔注一〕

〔注一〕王檝所任僅爲宣撫使一職，御史大夫及涿鹿守皆爲後人妄傳。

明

中山武寧王徐達。

太傅兵部尚書忠肅于謙。

武備

京城内外巡捕

南營參將一員，游擊一員。

北營參將一員，游擊一員。

中營參將一員，游擊一員。

東南一守備一員。

西南二守備一員。

外南一守備一員。

外南二守備一員。

外南三守備一員。

北東守備一員。

北西守備一員。

外東北守備一員。

外西北守備一員。

外西一守備一員。

東南二守備一員。

西南一守備一員。

外正東守備一員。
外東南守備一員。
外正南守備一員。

京衛掌印守備兼理屯事

金吾左衛守備一員，左千總一員，右千總一員。
燕山右衛守備一員，左千總一員，右千總一員。
彭城衛守備一員，左千總一員，右千總一員。
騰驤右衛守備一員，左千總一員，右千總一員。
神武衛守備一員，左千總一員，右千總一員。
永清左衛守備一員，左千總一員，右千總一員。

京城禁門守備千總

正陽門千總二員。
崇文門千總二員。
宣武門千總二員。
安定門千總二員。
德勝門千總二員。

朝陽門千總二員。
阜城門千總二員。
東直門千總二員。
西直門千總二員。
永定門千總二員。
左安門千總二員。
右安門千總二員。
廣渠門千總二員。
廣寧門千總二員。
東便門千總二員。

西便門千總二員。
通協營副將一員，左營守備一員，右營守備一員，千總二員，把總四員。
武清營游擊一員，守備一員，防河千總一員，左司把總一員。
務關營游擊一員，守備一員，千總一員，把總二員。
楊村營守備一員，把總二員。
崔黄營守備一員，把總一員。
王慶坨都司一員，千總一員，把總一員。

張家灣守備一員，把總一員。

漷縣守備一員，把總一員。

采育營都司一員，千總一員，把總一員。

寶坻營守備一員，千總一員，把總一員。

三河營守備一員。

鳳河營守備一員。

馬駒營守備一員。

涿州營參將一員，守備一員，千總一員，把總

四員。

霸州營游擊一員，守備一員，千總一員，分防

信安鎮把總一員，分防固安縣千總一員。

永清營守備一員，把總一員。

文安營游擊一員，守備一員，千總一員。

拱極城游擊一員，千總一員，把總一員。

舊州營都司一員，千總一員，把總一員。

東安營守備一員，把總一員。

大城營守備一員，把總一員。

昌平等營

參將一員，守備一員，千總一員，把總二員。

黃花路都司一員，千總一員，把總一員，募田

峪把總一員，黃花鎮把總一員。
居庸路都司一員，千總一員，把總二員，八達嶺把總一員。
鎮邊路都司一員，千總一員，把總一員，横嶺城把總一員，長谷城把總一員，白羊城把總一員，巩萃城守備一員，把總一員。

薊協營

副將一員，左營守備一員，右營守備一員，千總二員，把總四員，大安口守備一員。
松棚路都司一員，千總一員，把總一員。

喜峰路游擊一員，守備一員，千總一員，把總二員。
太平路都司一員，千總一員，把總一員，潘家口守備一員。
遵化城守游擊一員，守備一員，千總一員，把總二員。
薊州城守都司一員，千總一員，把總二員。

密協營

副將一員，左營守備一員，右營守備一員，千總二員，把總四員。

石匣營游擊一員，守備一員，千總一員，把總二員，內一員駐防平谷縣。漕河營駐防把總一員。

墻子嶺都司一員，千總一員，把總一員，鎮羅營把總一員。

曹家路守備一員，吉家營把總一員，黑峪關把總一員。

古北路都司一員，千總一員，司馬臺把總一員，潮河川把總一員。

石塘路都司一員，千總一員，把總一員，白馬關把總一員，大水峪把總一員。

衛所

涿州衛守備一員。

梁城守禦所千總一員。

徭役

順天府

府尹

書辦三十三，工食裁。

快手二十二名，工食共銀一百三十二兩。

皂隸十五名，工食共銀九十兩。

陰陽生三名，工食共銀十八兩。

宅門皁隸一名，工食銀六兩。

鋪司一名，工食銀六兩。

鋪兵五名，工食共銀三十兩。

水夫一名，工食銀六兩。

府丞

皁隸十五名，工食共銀九十兩。

陰陽生三名，工食共銀十八兩。

水夫一名，工食銀六兩。

治中

書辦四名，工食裁。

快手十三名，工食共銀七十八兩。

陰陽生一名，工食銀六兩。

水夫一名，工食銀六兩。

通判

書辦四名，工食裁。

快手十五名，工食共銀九十兩。

經歷司

書辦二名，工食裁。

皁隸九名，工食共銀五十四兩。

照磨所

書辦二名，工食裁。

皂隸七名，工食共銀四十二兩。

庫大使

書辦一名，工食裁。

庫子八名，工食共銀四十八兩。

司獄司

書辦一名，工食裁。

禁子八名，工食共銀四十八兩。

看守貢院夫二名，工食共銀十二兩。

崇文門稅課司副使

書辦一名，工食裁。

張家灣稅課司大使

書辦一名，工食裁。

儒學教授訓導

書辦一名，工食裁。

門斗九名，工食共銀六十四兩八錢。

本府庫子四名，工食共銀二十四兩。

大興縣

禁子二名，工食共銀一十二兩。

鋪兵二名，工食共銀一十二兩。

門役一名，工食銀六兩。

更夫二名，工食共銀一十二兩。

本府儒學門斗一名，工食銀七兩二錢。

本縣吏書十二名，工食共銀一百二十九兩六錢。今裁。

門子二名，工食共銀一十四兩四錢，裁銀二兩四錢。

皂隸十六名，工食共銀一百一十五兩二錢，除裁，實支銀七十二兩。

民壯五十名，工食共銀三百六十兩，除裁，實支銀一百八十兩。

燈夫四名，工食共銀二十八兩八錢，除裁，實支銀十二兩。

跟馬傘扇夫七名，工食共銀五十兩四錢，除裁，實支銀拾八兩。

庫書一名，工食銀一十二兩，今裁。

倉書一名，工食銀一十二兩，今裁。

庫子四名，工食共銀二十八兩八錢，除裁，實支銀十二兩。

斗級四名，工食共銀二十八兩八錢，除裁，實

支銀一十二兩。

禁卒八名，工食共銀五十七兩六錢，除裁，實支銀二十四兩。

縣丞書辦一名，工食銀七兩二錢，今裁。

門子一名，工食銀七兩二錢，裁銀一兩二錢。

皂隸四名，工食共銀二十八兩八錢，裁銀四兩八錢。

馬夫一名，工食給銀七兩二錢，裁銀一兩二錢。

典史書辦一名，工食銀七兩二錢，今裁。

門子一名，工食銀七兩二錢，裁銀一兩二錢。

皂隸四名，工食共銀二十八兩八錢，裁銀四兩八錢。

馬夫一名，工食銀七兩二錢，裁銀一兩二錢。

慶豐閘閘官書辦一名，工食銀七兩二錢，今裁。

皂隸二名，工食共銀一十四兩四錢，裁銀二兩四錢。

烏蠻驛館夫一名，工食銀七兩二錢，全裁。

貢院門役一名，工食銀七兩二錢。

國子監廟户三名，工食共銀二十一兩六錢。

夕月壇壇户二名，工食共銀一十二兩。

祈穀壇壇户二名，工食共銀一十二兩。

神樂觀觀夫一名，工食銀六兩。

犧牲所養牲夫一名，工食銀六兩。

草場秤夫二名，工食共銀一十二兩，除裁，實支銀六兩。

草場巡邏夫十名，工食共銀六十兩，除裁，實支銀二十四兩。

孫堠橋橋户三十二名，工食共銀一百九十二兩，除裁，實支銀九十六兩。

鋪兵三十一名，工食共銀二百二十三兩二錢。

更夫五名，工食共銀三十兩。

吹手八名，工食共銀五十七兩六錢，裁銀九兩六錢。

宛平縣

本府庫子四名，工食共銀二十四兩。

禁子二名，工食共銀一十二兩。

門役一名，工食銀六兩。

更夫三名，工食共銀一十八兩。
本府儒學門斗三名，工食共銀二十一兩六錢。
本縣吏書十二名，工食共銀一百九十二兩六錢，今裁。
門子二名，工食共銀一十四兩四錢，裁銀二兩四錢。
皂隸十二名，工食共銀八十六兩四錢，裁銀十四兩四錢。
民壯三十名，工食共銀二百一十六兩，裁銀三十六兩。

燈夫二名，工食共銀一十四兩四錢，裁銀二兩四錢。
禁卒四名，工食共銀二十八兩八錢，裁銀四兩八錢。
跟馬傘扇夫三名，工食共銀二十一兩六錢，裁銀三兩六錢。
庫書一名，工食銀一十二兩，今裁。
倉書一名，工食銀一十二兩，今裁。
庫子二名，工食共銀一十四兩四錢，裁銀二

兩四錢。

斗級二名，工食共銀一十四兩四錢，裁銀二兩四錢。

縣丞書辦一名，工食銀七兩二錢，今裁。

門子一名，工食銀七兩二錢，裁銀一兩二錢。

皂隸四名，工食共銀二十八兩八錢，裁銀四兩八錢。

馬夫一名，工食銀七兩二錢，裁銀一兩二錢。

典史書辦一名，工食銀七兩二錢，今裁。

門子一名，工食銀七兩二錢，裁銀一兩二錢。

皂隸四名，工食共銀二十八兩八錢，裁銀四兩八錢。

馬夫一名，工食銀七兩二錢，裁銀一兩二錢。

齊家莊巡檢書辦一名，工食銀六兩，今裁。

皂隸二名，工食共銀一十二兩。

弓兵二十名，工食共銀一百兩，裁銀五十兩。

王平口巡檢書辦一名，工食銀六兩，今裁。

皂隸二名，工食共銀一十二兩。

弓兵二十名，工食共銀一百兩，裁銀五十兩。

石港口巡檢書辦一名，工食銀六兩，今裁。

皂隸二名，工食共銀一十二兩。
弓兵二十名，工食共銀一百兩，裁銀五十兩。
盧溝橋巡檢書辦一名，工食銀六兩，今裁。
皂隸二名，工食共銀一十二兩。
弓兵二十名，工食共銀一百兩，裁銀五十兩。
廣源閘閘官書辦一名，工食銀六兩，全裁。
皂隸二名，工食共銀十二兩，全裁。
閘夫十名，工食共銀四十兩，全裁。
平津閘閘夫七名，工食共銀八十四兩。
貢院門役一名，工食銀七兩二錢。

國子監廟户三名，工食共銀二十一兩六錢。
祈穀壇壇户八名，工食共銀四十八兩。
神樂觀觀夫一名，工食銀六兩。
夕月壇壇户一名，工食銀六兩。
草場秤夫一名，工食銀六兩。
草場巡邏夫四名，工食共銀二十四兩。
三家店橋户十六名，工食共銀一十九兩二錢。
鋪兵五十一名，工食共銀三百六十七兩二錢。

更夫五名，工食共銀三十兩。
吹手八名，工食共銀四十八兩。
良鄉縣
霸州道轎傘扇夫七名，工食共銀五十兩四錢，裁銀四兩八錢，今改解巡道。
本縣吏書十二名，工食共銀一百二十九兩六錢，今裁。
門子二名，工食共銀一十四兩四錢，裁銀二兩四錢。
皂隸十六名，工食共銀一百一十五兩二錢，

裁銀拾九兩二錢。
馬快八名，工食共銀五十七兩六錢，裁銀九兩六錢。
喂馬草料，共銀八十六兩四錢。
民壯五十名，工食共銀三百六十兩，裁銀六十兩。
燈夫四名，工食共銀二十八兩八錢，裁銀四兩八錢。
禁卒八名，工食共銀五十七兩六錢，裁銀九兩六錢。

轎傘扇夫七名，工食共銀五十兩四錢，裁銀八兩四錢。

庫書一名，工食銀十二兩，今裁。

倉書一名，工食銀十二兩，今裁。

庫子四名，工食共銀二十八兩八錢，裁銀四兩八錢。

斗級四名，工食共銀二十八兩八錢，裁銀四兩八錢。

縣丞書辦一名，工食銀七兩二錢，今裁。

門子一名，工食銀七兩二錢，裁銀一兩二錢。

皂隸四名，工食共銀二十八兩八錢，裁銀四兩八錢。

馬夫一名，工食銀七兩二錢，裁銀一兩二錢。

典史書辦一名，工食銀七兩二錢，今裁。

門子一名，工食銀七兩二錢，裁銀一兩二錢。

皂隸四名，工食共銀二十八兩八錢，裁銀四兩八錢。

馬夫一名，工食銀七兩二錢，裁銀一兩二錢。

固節驛驛丞書辦一名，工食銀七兩二錢，今裁。

皂隸二名，工食共銀十四兩四錢，裁銀二兩四錢。

館夫十名，工食共銀七十二兩，裁銀十二兩。

儒學書辦一名，工食銀七兩二錢，今裁。

齋夫六名，工食共銀七十二兩，奉裁三名，裁銀三十六兩。

門斗五名，工食共銀三十六兩，奉裁三名，裁銀二十一兩六錢。

膳夫二名，工食共銀四十兩，裁銀二十六兩六錢六分零。

喂馬草料，共銀二十四兩，裁銀一十二兩，全裁。

察院看守門子六名，工食共銀三十六兩。

帝王廟廟户一名，工食銀六兩。

走遞馬匹草料并馬夫、車夫等銀，共九千八百兩。

擡轎夫工食，共銀一千六百兩。

接遞皂隸，工食共銀四百兩。

伍鋪鋪司兵二十五名，工食共銀一百五十兩。

更夫五名，工食共銀三十兩。
火夫十名，工食共銀六十兩。
吹手十二名，工食共銀八十六兩四錢，裁銀一十四兩四錢。
鄉會試對讀、謄録等銀，共三十兩半，裁銀一十五兩。

固安縣

本府儒學齋夫一名，工食銀一十二兩。
本縣吏書十二名，工食共銀一百二十九兩六錢，今裁。

門子二名，工食共銀一十四兩四錢，裁銀二兩四錢。
馬快八名，工食共銀五十七兩六錢，裁銀九兩六錢。
喂馬草料，共銀八十六兩四錢。
皂隸十六名，工食共銀一百一十五兩二錢，裁銀一十九兩二錢，裁皂隸二名，裁銀十二兩。
民壯五十名，工食共銀三百六十兩，裁銀六十兩，裁民壯四名，裁銀二十四兩。
燈夫四名，工食共銀二十八兩八錢，裁銀四

兩八錢。

禁子八名，工食共銀五十七兩六錢，裁銀九兩六錢。

轎傘扇夫七名，工食共銀五十兩四錢，裁銀八兩四錢。

庫書一名，工食銀一十二兩，今裁。

倉書一名，工食銀一十二兩，今裁。

庫子四名，工食共銀二十八兩八錢，裁銀四兩八錢。

斗級四名，工食共銀二十八兩八錢，裁銀四兩八錢。

典史書辦一名，工食銀七兩二錢，今裁。

皂隸四名，工食共銀二十八兩八錢，裁銀四兩八錢。

門子一名，工食銀七兩二錢，裁銀一兩二錢。

馬夫一名，工食銀七兩二錢，裁銀一兩二錢。

儒學書辦一名，工食銀七兩二錢，今裁。

齋夫六名，工食共銀七十二兩，奉裁三名，裁銀三十六兩。

膳夫二名，工食共銀四十兩，裁銀二十六兩

六錢六分有零。

門斗五名，工食共銀三十六兩，奉裁二名，裁銀一十四兩四錢。

喂馬草料，共銀二十四兩，裁銀一十二兩，全裁。

察院看守門子二名，工食共銀一十二兩。

方澤壇壇户五名，工食共銀三十兩。

圜丘壇壇户一名，工食銀六兩。

帝王廟廟户一名，工食銀六兩。

通州工部挑挖河夫銀九十九兩五錢。

平津閘閘夫工食銀八十四兩。

普濟閘閘夫工食銀二十四兩。

廣源閘閘夫工食銀一十兩，全裁。

協濟漷縣堤淺夫工食銀一十四兩四錢。

走遞馬匹草料并喂馬夫、車夫工食共銀叁千二百兩，除裁，實支銀一千二十四兩九錢一分零。

損轎夫工食，共銀六百兩，除裁，實支銀二百五十三兩五錢一分零。

接遞皂隸十二名，工食共銀七十二兩，除裁，實支銀六十一兩八錢七分零，全裁。

鋪兵二十名，工食共銀一百二十兩。

更夫五名，工食共銀三十兩。

火夫十名，工食共銀六十兩。

吹手八名，工食共銀五十七兩六錢，裁銀九兩六錢。

鄉會試對讀等銀，共一百二十三兩四錢半，裁銀六十一兩柒錢。謄録工食銀，共八兩四錢半，裁銀四兩二錢。

永清縣

本府儒學齋夫一名，工食銀一十二兩。

本縣吏書十二名，工食共銀一百二十九兩六錢，今裁。

門子二名，工食共銀一十四兩四錢，除裁，實支銀一十二兩。

皂隸十六名，工食共銀一百一十五兩二錢，除裁，實支銀七十二兩。

馬快八名，工食共銀五十七兩六錢，除裁，實支銀四十八兩。

喂馬草料，共銀八十六兩四錢。

民壯五十名，工食共銀三百六十兩，除裁，實

支銀二百六十四兩。

燈夫四名，工食共銀二十八兩八錢，除裁，實支銀二十四兩。

禁卒八名，工食共銀五十七兩六錢，除裁，實支銀四十八兩。

轎傘扇夫七名，工食共銀五十兩四錢，除裁，實支銀四十二兩。

庫書一名，工食銀一十二兩，今裁。

倉書一名，工食銀一十二兩，今裁。

庫子四名，工食共銀二十八兩八錢，除裁，實支銀二十四兩。

斗級四名，工食共銀二十八兩八錢，除裁，實支銀二十四兩。

典史書辦一名，工食銀七兩二錢，今裁。

門子一名，工食銀七兩二錢，〔注一〕除裁，實支銀六兩。

皂隸四名，工食共銀二十八兩八錢，除裁，實支銀二十四兩。

馬夫一名，工食銀七兩二錢，除裁，實支銀六兩。

〔注一〕「錢」，原本爲「銀」字，誤。

儒學書辦一名，工食銀七兩二錢，今裁。

齋夫六名，工食共銀七十二兩，裁銀三十六兩。

門斗五名，工食共銀三十六兩，奉裁三名，裁銀二十一兩六錢。

膳夫二名，工食共銀四十兩，除裁，實支銀一十三兩三錢三分零。

喂馬草料，共銀二十四兩，裁銀一十二兩，全裁。

察院看守門子一名，工食銀六兩。

帝王廟廟户一名，工食銀六兩。

圜丘壇壇户一名，工食銀六兩。

通州工部挑挖新河夫銀六十一兩五錢。

新增河夫銀一兩。

廣源閘閘夫一名，工食銀伍兩，全裁。

慶豐閘閘夫四名，工食共銀二十四兩。

河西務淺夫三十二名半，工食共銀二百四十一兩二錢。

走遞馬匹草料并喂馬夫、車夫工食，共銀一千二百兩，除裁僻，實支銀二百八十兩。

損轎夫工食銀一百五十兩，除裁僻，實支銀四十五兩。

接遞皂隸八名，工食共銀四十八兩，除裁僻，實支銀三十兩全裁。

鋪兵九名，工食共銀五十四兩。

更夫五名，工食共銀三十兩。

火夫十名，工食共銀六十兩。

吹手四名，工食共銀二十八兩八錢，除裁，實支銀二十四兩。

鄉會場對讀、謄録、厨、皂等銀，共九十兩九錢半，裁銀四十五兩四錢五分。

東安縣

霸州道快手十二名，工食共銀八十六兩四錢，裁銀一十四兩四錢，今改解巡道。

本府儒學齋夫二名，工食共銀二十四兩。

本縣吏書十二名，工食共銀一百二十九兩六錢，今裁。

門子二名，工食共銀一十四兩四錢，裁銀二兩四錢。

皂隸十六名，工食共銀一百一十五兩二錢，

裁銀一十九兩二錢，裁皂隸四名，裁銀二十四兩。
馬快八名，工食共銀五十七兩六錢，裁銀九兩六錢。
喂馬草料，共銀八十六兩四錢。
民壯五十名，工食共銀三百六十兩，除裁，實支銀二百六十四兩。
燈夫四名，工食共銀二十八兩八錢，裁銀四兩八錢。
禁卒八名，工食共銀五十七兩六錢，裁銀九兩六錢。

轎傘扇夫七名，工食共銀五十兩四錢，裁銀八兩四錢。
庫書一名，工食銀一十二兩，今裁。
倉書一名，工食銀一十二兩，今裁。
庫子四名，工食共銀二十八兩八錢，裁銀四兩八錢。
斗級四名，工食共銀二十八兩八錢，裁銀四兩八錢。
典史書辦一名，工食銀七兩二錢，今裁。
門子一名，工食銀七兩二錢，裁銀一兩二錢。

〔注一〕原本爲「銀」字，誤。

皂隷四名，工食共銀二十八兩八錢，裁銀四兩八錢。

馬夫一名，工食銀七兩二錢，裁銀一兩二錢。

儒學書辦一名，工食銀七兩二錢，今裁。

齋夫六名，工食共銀七十二兩，奉裁三名，裁銀三十六兩。

門斗五名，工食共銀三十六兩，奉裁三名，裁銀二十一兩六錢。〔注一〕

膳夫二名，工食共银四十两，裁银二十六两六钱六分零。

喂馬草料銀二十四兩，裁銀一十二兩，全裁。

察院看守門子二名，工食共銀一十二兩。

朝日壇壇户三名，工食共銀拾八兩。

圜丘壇壇户二名，工食共銀十二兩。

帝王廟廟户一名，工食銀六兩。

通州工部挑挖河夫銀五十九兩五錢。

閘夫工食銀七十二兩。

挖運淺夫一百三十二名，工食共銀一千零八十二兩四錢。

走遞馬匹草料并喂馬夫、車夫，共銀一千四

百八十兩，除裁，實支銀叁百八兩三錢三分零。

擡轎夫工食共銀一百兩，除裁，實支銀一十五兩。

接遞皂隸四名，工食共銀二十四兩，除裁，實支銀一十二兩，全裁。

鋪兵十六名，工食共銀九十六兩。

更夫五名，工食共銀三十兩。

火夫八名，工食共銀四十八兩。

吹手四名，工食共銀二十八兩八錢，裁銀四兩八錢。

鄉試對讀、謄録、厨役等銀，共三十六兩八錢半，裁銀一十八兩四錢。

會試對讀、謄録、厨役等銀，共三十二兩柒錢二分半，裁銀一十六兩三錢六分。

香河縣

霸州道皂隸七名，工食共銀五十兩四錢，裁銀八兩四錢。

本縣吏書十二名，工食共銀一百二十九兩六錢，今裁。

門子二名，工食共銀一十四兩四錢，裁銀二

兩四錢。

皂隸十六名，工食共銀一百一十五兩二錢，裁皂隸四名，裁銀二十四兩。

馬快八名，工食共銀五十七兩六錢，裁銀九兩六錢。

喂馬草料，共銀八十六兩四錢。

民壯五十名，工食共銀三百六十兩，裁銀六十兩，裁民壯六名，裁銀三十六兩。

燈夫四名，工食共銀二十八兩八錢，裁銀四兩八錢。

轎傘扇夫七名，工食共銀五十兩四錢，裁銀八兩四錢。

禁子八名，工食共銀五十七兩六錢，裁銀九兩六錢。

庫書一名，工食銀十二兩，今裁。

倉書一名，工食銀十二兩，今裁。

庫子四名，工食共銀二十八兩八錢，裁銀四兩八錢。

斗級四名，工食共銀二十八兩八錢，裁銀四兩八錢。

典史書辦一名，工食銀七兩二錢，今裁。

皂隸四名，工食共銀二十八兩八錢，裁銀四兩八錢。

馬夫一名，工食銀七兩二錢，裁銀一兩二錢。

門子一名，工食銀七兩二錢，裁銀一兩二錢。

儒學書辦一名，工食銀七兩二錢，今裁。

齋夫六名，工食共銀七十二兩，奉裁三名，裁銀三十六兩。

門斗五名，工食共銀三十六兩，奉裁三名，裁銀二十一兩六錢。

膳夫二名，工食共銀四十兩，裁銀二十六兩六錢六分零。

喂馬草料，共銀二十四兩，裁銀一十二兩，全裁。

察院看守門子一名，工食銀六兩。

方澤壇壇户三名，工食共銀拾八兩。

帝王廟廟户一名，工食銀六兩。

通州工部挑挖河夫銀一百七十九兩八錢。

通流閘閘夫一名，工食銀伍兩。

廣源閘閘夫三名，工食共銀一十五兩，全裁。

走遞馬匹草料并馬夫工食，共銀六百兩，除裁僻，實支銀二百兩。

擡轎夫十四名，工食共銀一百四十兩，除裁僻，實支銀四十六兩六錢六分零。

接遞皂隸十名，工食共銀六十兩，除裁僻，實支銀四十兩，全裁。

鋪兵十名，工食共銀六十兩。

更夫五名，工食共銀三十兩。

火夫十名，工食共銀六十兩。

吹手六名，工食共銀四十三兩二錢，裁銀七兩二錢。

鄉會試對讀、謄録、厨、皂等銀，共五十兩半，裁銀二十五兩。

通州

本州吏書十二名，工食共銀一百二十九兩六錢，今裁。

門子二名，工食共銀十四兩四錢，裁銀二兩四錢。

皂隸十六名，工食共銀一百一十五兩二錢，裁銀拾九兩二錢。

馬快八名，工食共銀五十七兩六錢，裁銀九兩六錢。

喂馬草料，共銀八十六兩四錢。

民壯五十名，工食共銀三百六十兩，裁銀六十兩。

燈夫四名，工食共銀二十八兩八錢，裁銀四兩八錢。

禁子八名，工食共銀五十七兩六錢，裁銀九兩六錢。

轎傘扇夫七名，工食共銀五十兩四錢，裁銀八兩四錢。

庫書一名，工食銀十二兩，今裁。

倉書一名，工食銀十二兩，今裁。

庫子四名，工食共銀二十八兩八錢，裁銀四兩八錢。

斗級四名，工食共銀二十八兩八錢，裁銀四兩八錢。

州同書辦一名，工食銀七兩載錢，今裁。

門子一名，工食銀七兩二錢，裁銀一兩二錢。

皂隸六名，工食共銀四十三兩二錢，裁銀七

兩二錢。

馬夫一名，工食銀七兩二錢，裁銀一兩二錢。

傘夫一名，工食銀七兩二錢，裁銀一兩二錢。

州判書辦一名，工食銀七兩二錢，今裁。

門子一名，工食銀七兩二錢，裁銀一兩二錢。

皂隸六名，工食共銀四十三兩二錢，裁銀七兩二錢。

馬夫一名，工食銀七兩二錢，裁銀一兩二錢。

傘夫一名，工食銀七兩二錢，裁銀一兩二錢。

吏目書辦一名，工食銀七兩二錢，今裁。

門子一名，工食銀七兩二錢，裁銀一兩二錢。

皂隸四名，工食共銀二十八兩八錢，裁銀四兩八錢。

馬夫一名，工食銀七兩二錢，裁銀一兩二錢。

和合驛驛丞書辦一名，工食銀七兩二錢，今裁。

皂隸二名，工食共銀十四兩四錢，裁銀二兩四錢。

館夫六名，工食共銀四十三兩二錢，裁銀七兩二錢。

潞河驛驛丞書辦一名，工食銀七兩二錢，今裁。

皂隸二名，工食共銀十四兩四錢，裁銀二兩四錢。

館夫六名，工食共銀四十三兩二錢，裁銀七兩二錢。

弘仁橋巡檢書辦一名，工食銀七兩二錢，今裁。

皂隸二名，工食共銀一十四兩四錢，裁銀二兩四錢。

弓兵八名，工食共銀五十七兩六錢，裁銀九兩六錢，又裁四名，裁銀二十四兩。

通流閘閘官書辦一名，工食銀六兩，今裁。

皂隸二名，工食共銀一十二兩。

儒學書辦一名，工食銀七兩二錢，今裁。

齋夫六名，工食共銀七十二兩，奉裁三名，裁銀三十六兩。

門斗五名，工食共銀三十六兩，奉裁二名，裁銀一十四兩四錢。

膳夫二名，工食共銀四十兩，裁銀二十六兩

六錢六分陸釐零。
喂馬草料，共銀二十四兩，裁銀一十二兩，全裁。
察院看守門子四名，工食共銀二十四兩。
圜丘壇壇户一名，工食銀六兩。
方澤壇壇户一名，工食銀六兩。
帝王廟廟户一名，工食銀六兩。
新建閘閘夫二名，工食共銀二十四兩。
通流閘閘夫三名，工食共銀三十六兩。
平津上閘閘夫一名，工食銀一十二兩。
和合驛馬匹、牛隻草料，并喂馬夫、車夫、水夫工食，共銀叁千伍百兩。
損轎夫工食，共銀八百兩。
接遞皂隸工食共銀二百兩。
潞河驛馬匹、牛隻草料，并喂馬夫、車夫、水夫工食，共銀叁千伍百兩。
損轎夫工食共銀八百兩。
接遞皂隸工食共銀二百兩。
鋪兵三十名，工食共銀一百八十兩。
更夫五名，工食共銀三十兩。

火夫十名，工食共銀六十兩。

吹手八名，工食共銀四十八兩。

鄉試謄録工食銀，共三十八兩半，裁銀一十九兩。對讀盤費銀，共六兩半，裁銀三兩。

會試謄録工食銀，共二十四兩半，裁銀一十二兩。

灤縣歸并

存留解支錢糧，於順治拾陸年奉文全裁解部，惟存：

鋪兵二十五名，工食共銀一百五十兩，裁去一名，裁銀六兩。

淺夫五十名，工食共銀伍百六十兩。

工部分司挑挖河夫銀二十二兩。

通流閘閘夫工食銀一十二兩。

三河縣

本縣吏書十二名，工食共銀一百二十九兩六錢，今裁。

門子二名，工食共銀一十四兩四錢，裁銀二兩四錢。

皂隸十六名，工食共銀一百一十五兩二錢，

裁銀拾九兩二錢。
馬快八名，工食共銀五十七兩六錢，裁銀九兩六錢。
喂馬草料銀八十六兩四錢。
民壯五十名，工食共銀三百六十兩，裁銀六十兩。
燈夫四名，工食共銀二十八兩八錢，裁銀四兩八錢。
看監禁子八名，工食共銀五十七兩六錢，裁銀九兩六錢。

轎傘扇夫七名，工食共銀五十兩四錢，裁銀八兩四錢。
庫書一名，工食銀十二兩，今裁。
倉書一名，工食銀一十二兩，今裁。
庫子四名，工食共銀二十八兩八錢，裁銀四兩八錢。
斗級四名，工食共銀二十八兩八錢，裁銀四兩八錢。
典史書辦一名，工食銀七兩二錢，今裁。
門子一名，工食銀七兩二錢，裁銀一兩二錢。

皂隸四名，工食共銀二十八兩八錢，裁銀四兩八錢。

馬夫一名，工食銀七兩二錢，裁銀一兩二錢。

儒學書辦一名，工食銀七兩二錢，今裁。

齋夫三名，工食共銀三十六兩。

門斗三名，工食共銀二十一兩六錢。

膳夫二名，工食共銀四十兩，裁銀二十六兩六錢六分柒厘。

喂馬草料銀一十二兩，全裁。

察院看守門子二名，工食共銀一十二兩。

圜丘壇壇户三名，工食共銀一十八兩。

帝王廟廟户一名，工食銀六兩。

通州分司挑挖河夫銀九十九兩五錢。

新增河夫銀一十二兩。

通流閘閘夫五名，工食共銀六十兩。

永通閘閘夫四名，工食共銀四十八兩。

三河驛走遞馬匹草料并喂馬夫、車夫等銀肆千兩，除裁，實支銀二千伍百二十二兩四錢二分零。

損轎夫工食，共銀一千二百兩，除裁，實支銀

柒百五十六兩柒錢二分零。

接遞皂隸十二名，工食共銀七十二兩，除裁，奉復銀一十八兩。

鋪兵五十六名，工食共銀叁百三十六兩。

更夫五名，工食共銀二十四兩。

火夫十名，工食共銀四十八兩。

吹手六名，工食共銀四十三兩二錢，裁銀七兩二錢。

鄉場膳録工食銀，共六十三兩半，裁銀三十一兩五錢。對讀盤費銀共四十兩半，裁銀二十兩。皂隸工食銀共七兩二錢半，裁銀三兩六錢。廚子工食銀共九兩六錢半，裁銀四兩八錢。

會場膳録、對讀、廚、皂等銀，共一百一十九兩八錢半，裁銀五十九兩九錢。

武科會場皂隸工食銀，共二十八兩八錢半，裁銀一十四兩四錢。廚子工食銀共四兩八錢半，裁銀二兩四錢。

武清縣

本府儒學膳夫一名，工食銀二十兩，裁銀一十三兩三錢三分三厘。

本縣吏書十二名，工食共銀一百二十九兩，今裁。
門子二名，工食共銀一十四兩四錢，裁銀二兩四錢。
皂隸十六名，工食共銀一百一十五兩二錢，裁銀一十九兩二錢。
馬快八名，工食共銀五十七兩六錢，裁銀九兩六錢。
喂馬草料共銀八十六兩四錢。
民壯五十名，工食共銀三百六十兩，裁銀六十兩。

燈夫四名，工食共銀二十八兩八錢，裁銀四兩八錢。
轎傘扇夫七名，工食共銀五十兩四錢，裁銀八兩四錢。
禁子八名，工食共銀五十七兩六錢，裁銀九兩六錢。
庫書一名，工食銀一十二兩，今裁。
倉書一名，工食銀一十二兩，今裁。
庫子四名，工食共銀二十八兩八錢，裁銀四

兩八錢。

斗級四名，工食共銀二十八兩八錢，裁銀四兩八錢。

縣丞書辦一名，工食銀七兩二錢，今裁。

皂隸四名，工食共銀二十八兩八錢，裁銀四兩八錢。

馬夫一名，工食銀七兩二錢，裁銀一兩二錢。

門子一名，工食銀七兩二錢，裁銀一兩二錢。

主簿書辦一名，工食銀七兩二錢，今裁。

皂隸四名，工食共銀二十八兩八錢，裁銀四兩八錢。

門子一名，工食銀七兩二錢，裁銀一兩二錢。

馬夫一名，工食銀七兩二錢，裁銀一兩二錢。

典史書辦一名，工食銀七兩二錢，今裁。

皂隸四名，工食共銀二十八兩八錢，裁銀四兩八錢。

門子一名，工食銀七兩二錢，裁銀一兩二錢。

馬夫一名，工食銀七兩二錢，裁銀一兩二錢。

儒學書辦一名，工食銀七兩二錢，今裁。

齋夫六名，工食共銀七十二兩，奉裁三名，裁

銀三十六兩。

門斗五名，工食共銀三十六兩，奉裁一名，裁銀一十四兩四錢。

膳夫二名，工食共銀四十兩，裁銀二十六兩六錢六分六厘零。

喂馬草料銀一十二兩，全裁。

河西務巡檢書辦一名，工食銀七兩二錢，今裁。

皂隸二名，工食共銀一十四兩四錢，裁銀二兩四錢。

弓兵二十名，工食共銀一百四十四兩，裁銀二十四兩，又裁十名，裁銀六十兩。

小直沽巡檢書辦一名，工食銀七兩二錢，今裁。

皂隸二名，工食共銀一十四兩四錢，裁銀二兩四錢。

弓兵一十六名，工食共銀一百一十五兩二錢，裁銀一十九兩二錢，又裁八名，裁銀四十八兩。

河西楊村兩驛驛丞書辦各一名，每名工食銀

七兩二錢，今裁。

皂隸各二名，每名工食銀七兩二錢，裁銀一兩二錢。

館夫各四名，每名工食銀七兩二錢，裁銀一兩二錢。

察院看守門子二名，工食共銀一十二兩。

圜丘壇壇户四名，工食共銀二十四兩。

神樂觀庫夫一名，工食銀六兩。

帝王廟廟户一名，工食銀六兩。

犧牲所壯丁一名，工食銀六兩。

慶豐閘閘夫四名，工食共銀四十八兩。

河西楊村兩驛走遞馬匹草料并喂馬夫、車夫工食銀，各二千二百兩，除裁，各實支銀一千六十兩三錢八厘。

擡轎夫并水手夫工食銀，各驛一千二百四十兩，除裁，各實支銀九百八十八兩。又增夫役各二十二名，各增工食銀叁百一十六兩八錢。

接遞皂隸各十名，工食銀各六十兩，除裁，各實支銀一十五兩。

鋪兵二十二名，工食共銀一百五十八兩四

錢，裁銀二十六兩四錢。

更夫、火夫拾五名，工食共銀七十二兩。

吹手六名，工食共銀四十三兩二錢，裁銀七兩二錢。

鄉試謄録工食銀共二十六兩半，裁銀一十三兩。

對讀盤費銀共四兩半，裁銀二兩。

會試謄録工食銀共二十一兩半，裁銀一十兩五錢。

對讀盤費銀共八兩半，裁銀四兩。

